विश्वनाथ प्रसाद तिवारी

पचास कविताएँ

नयी सदी के लिए चयन

वाणी प्रकाशन

वाणी प्रकाशन

'लोगो' वाणी प्रकाशन : मक़बूल फ़िदा हुसेन

वाणी प्रकाशन, 4695, 21-ए, दरियागंज, नयी दिल्ली-110002

वाणी प्रकाशन, अशोक राजपथ (पटना कॉलेज के सामने), पटना (बिहार)

PACHAS KAVITAYEN

NAI SADI KE LIYE CHAYAN

by Vishwanath Prasad Tiwari

Poetry

ISBN : 978-93-5072-413-2

प्रथम संस्करण 2013

मूल्य : 65/-

वाणी प्रकाशन

फोन : 0091#11#23273167, फोन व फैक्स 23275710

वेबसाइट : www.vaniprakashan.in

ई-मेल : vaniprakashan@gmail.com

ओम ऑफ़सेट द्वारा दिल्ली-110093 में मुद्रित

क्रम

आरा मशीन

चल रही है वह

इतने दर्प में
कि चिनगारियाँ छिटकती हैं उससे

दौड़े आ रहे हैं
अगल-बगल के यूकिलिप्टस
और हिमाचल के देवदारु
उसके आतंक में खिंचे हुए

दूर-दूर अमराइयों में
पक्षियों का संगीत गायब हो गया है
गुठलियाँ बाँझ हो गयी हैं
उसकी आवाज से

मेरा छोटा बच्चा देख रहा है उसे
कौतुक से
कि कैसे चलती है वह
कैसे अपने आप एक लकड़ी
दूसरे को ठेलकर आगे निकल जाती है

और अपना कलेजा निकालकर
संगमरमर की तरह चमकने लगती है

मेरा बच्चा देख रहा है अचरज से
अपने समय का सबसे बड़ा चमत्कार
तेज नुकीले दाँत
घूमता हुआ पहिया और पट्टा
बच्चा किलकता है ताली बजाकर
मैं सिहर जाता हूँ।

अभी वह मेरे सीने से गुजरेगी
मेरे भीतर से एक कुर्सी निकालेगी
राजा के बैठने के लिए

राजा बैठेगा सिंहासन पर
और वन-महोत्सव मनाएगा।

कसौटियाँ

'जो एक का सत्य है
वही सबका सत्य है'
—यह बात बहुत सीधी थी
लेकिन वे चीजों पर उल्टा विचार करते थे

उन्होंने सबके लिए एक आचार-संहिता तैयार की थी
लेकिन खुद अपने विशेषाधिकार में जीते थे

उनकी कसौटियाँ झाँवें की तरह खुरदुरी थीं
जिसे वे आदमियों की त्वचा पर रगड़ते थे
और इस तरह कसते थे आदमी को

आदमी बड़ा था और कसौटियाँ छोटी
इस पर वे झुँझलाते थे
और आदमी को रगड़-रगड़कर
छोटा करते जाते थे

उन्होंने गौर से देखा
उस जिद्दी अड़ियल आदमी को
नंगा करके उसकी एक-एक मांसपेशी को

उसके सीधे तने शरीर
और उसकी बुनी हुई रस्सी जैसी भुजाओं को
जो उनके सुख बाँटने की माँग कर रहा था

‘यह पूरा-का-पूरा आदमी
एक संक्रामक रोग है’
वे बुदबुदाये
और जल्दी-जल्दी
अध्यादेशों पर दस्तखत करने लगे।

कलेजा

मैं एक घटनास्थल हूँ, श्रीमान्

मैं पहचानता हूँ पेशेवर अपराधियों को
इसीलिए जब किसी मासूम बच्चे को देखता हूँ
अपनी ओर आते/चहकते
तो बेचैन हो जाता हूँ/उदास

उन्होंने इन पौधों और फूलों को तब काटा
जब इनमें नयी-नयी कोंपलें निकल रही थीं
उन्हें भय था
इनसे खुशबू और छाया फैलेगी

उन्होंने मुझे रोटी दी
जब मैंने अपने साथी के साथ किया
विश्वासघात

यह भी एक रहस्य है, श्रीमान्
कि मेरी आत्मा जिनसे घृणा करती है
वे ही मेरी जीविका चलाते हैं

उन्होंने जब चुनने को कहा
तो मैंने चुना 'सुविधा'

वे गद्‌गद हुए
उन्होंने अपनी कन्या से कर दिया मेरा विवाह
और बदले में निकाल लिया मेरा कलेजा

अपनी कन्या का कलेजा
वे पहले ही निकाल चुके थे।

सपने

कैसे कटती हैं उनकी रातें
जो सपने नहीं देखते?

सपने आकाश की तरह अनन्त
सपने क्षितिज की तरह अजनबी

सपने बच्चों की तरह मुलायम
सपने परियों की तरह पंख फैलाए

सपने कोहरे में सोए जंगलों की तरह
उगते दिन की तरह सपने

कहते हैं वे
अपने सपने बेच दो

क्या खरीदूँगा मैं
अपने सपने बेचकर?

हाथी

सारी समस्या दाँतों की थी
वे उसके दाँत निकाल लेना चाहते थे

वह अपने झुण्ड में चला आ रहा था
मस्ती में झूमता
सूँड़ लपलपाता
साथियों को चूमता
    पुचकारता

धाँय धाँय धाँय
शिकारियों की सधी हुई गोलियाँ
उसके उन्नत ललाट में धँस गयीं
वह पागल की तरह दौड़ा
    मुड़ा
    पीछे हटा
    लड़खड़ाया
और जंगल को कँपाने वाली एक मर्मभेदी चिंघाड़ के साथ
    गिर पड़ा
    अकेला

(झुण्ड भाग चुका था
गो वह समर्थ था अपने मुखिया का बदला लेने में)

और अब वे आये घासों में छिपे हुए शिकारी
उनके चेहरों पर विजय का उन्माद था
उन्होंने उसके दाँत निकाल लिए
(जो सर्वोत्तम था उसके पास
जिसके लिए वह मारा गया)

बाकी शरीर उन्होंने सौंप दिए
नंगे भूखे आदिवासियों को
जो सिर्फ पेट के लिए उनके साथ थे
अपने ही जंगल के विरुद्ध।

केंचुल

प्रभु, मैंने कुछ नहीं किया
सिर्फ वह जड़ाऊ साड़ी उतार दी
जिसे पता नहीं कौन-सी सदी में
जाने-अनजाने धारण कर लिया था
और अब मैं हलकी हो गयी हूँ
अपनी स्थूलता
स्मृतियों और दण्डसंहिताओं को लौटाकर

निर्वसन मैं अब भी नहीं हूँ
त्वचा है और मांस और रक्त और हड्डियाँ
मगर अब मेरे कण्ठ सूखे नहीं हैं
न अंगारे दहक रहे हैं चारों ओर

सब कुछ अपनी जगह ठीक है
साँस की गति,
रक्त का दबाव
दिल की धड़कन,
ताप

और नाड़ी की चाल

मैं नहीं चाहती मिटाना
उस विद्युत-स्पर्श की छाप
जो मेरे होंठों, उरोजों, नितम्बों
और सारी त्वचा पर अंकित हो गयी है।

एक अविश्वसनीय सपना

एक दिन उसने सपना देखा

बिना वीसा, बिना पासपोर्ट
सारी दुनिया में घूम रहा है वह
न कोई सरहद, न कोई चेकपोस्ट

समुद्रों और पहाड़ों और नदियों और जंगलों से
गुजरते हुए उसने अद्भुत दृश्य देखे
आकाश के, बादलों और रंगों के

अक्षत यौवना प्रकृति उसके सामने थी
निर्भय घूम रहे थे पशु-पक्षी
पुरुष स्त्री बच्चे

क्या शहर थे वे और कैसे गाँव
कोई राजा कोई सिपाही
कोई जेल कोई बन्दूक नहीं

चारों ओर खिले हुए चेहरे
और उगते हुए अँखुए
और उड़ती हुई तितलियाँ

उसे अचरज हुआ
उसे सपने में भी लगा यह सपना है

तभी एक धमाका हुआ जोर का
एक तानाशाह की तलवार चमकी
वह काँपता हुआ उठ बैठा
अब वह फिर कोशिश कर रहा था
उसी सपने में लौटने की।

बेहतर दुनिया के लिए

रात भाग रही है
लम्बे-लम्बे डग भरते
और कोहरे में चमक रहे हैं?
ग्रह नक्षत्र तारे

तुम न चाहो तो भी यह दुनिया बदलेगी।

किरणें निकलेंगी और चिनगारियाँ फूटेंगी
धीरे-धीरे पिघलेंगी बर्फ की तरह
करुणा की तरह बहेंगी कविताएँ
इस मरुप्रदेश में
वटवृक्ष की तरह फैल जाएँगी अर्थ-छायाएँ

नहीं दिखाई पड़ेगा वह सब कुछ
जिसे देखकर स्त्रियाँ सुबकने लगती हैं
और बच्चे रजाइयों में छिप जाते हैं

तुम न चाहो तो भी यह दुनिया बदलेगी।

बहुत बार इस शहर ने
पीड़ा में गाया

नहीं थी जिनकी जुबान
उनकी जुबान में चिल्लाया
खून को स्याही
और स्याही को खून में बदलते हुए इस शहर पर
बहुत बार हमले हुए हैं
बहुत बार कविता के शहर पर
हम याद रखेंगे इस बुरे वक्त को
इस भय को, अपराध और आतंक को
ऐयाशी और आँसू को

तुम न चाहो तो भी यह दुनिया बदलेगी।

शाश्वत कुँवारी धरती से
उभरेंगी छिपी हुई सूरतें
कुलाँचें भरेंगे मृग-शावक
टैंकों, संगीनों, प्रक्षेपास्त्रों के बीच
अन्तरिक्ष के अनन्त विस्तार में तैरती
अँधेरे में चिड़ियों की तरह चहचहाती
गूँजती रहेंगी कविताएँ

जो लिखते हैं कविताएँ
और करते हैं प्यार
वो धरती को थोड़ा और चौड़ा करते हैं
थोड़ा और गहरा
थोड़ा और नम।

कविता और दुनिया

बेहतर कविता लिखेगा वही
जो बेहतर कवि होगा

जिस समय वह लिख रहा होगा
सबसे अच्छी कविता
जरूर होगा उस समय वह
सबसे अच्छा आदमी

जिस दुनिया में लिखी जाएँगी
बेहतर कविताएँ
वही होगी बेहतर दुनिया

शब्द और अर्थ नहीं है कविता
सबसे सुन्दर सपना है
सबसे अच्छे आदमी का।

कनॉट प्लेस

लोग ऐसे भाग रहे हैं
कि लगता है कुछ ही घण्टों में
खाली हो जाएगा कनॉट प्लेस

सबको आशा है
कि सबको मिल जाएगी गाड़ी
सबको भय है
कि सबकी छूट जाएगी गाड़ी

सबके पास माल असबाब है
वक्त नहीं है किसी के पास

किससे कहूँ
कि मेरे साथ चलो
सभी जानते हैं
कि अभी गिरने वाला है एटम बम
सभी जानते हैं
कि अभी या फिर कभी नहीं

मुझे कोई जल्दी नहीं है
खरामे-खरामे पकड़ ही लूँगा

अपनी आखिरी बस
और बस में मिल ही जाएँगे
लोग
जिन्हें कोई जल्दी नहीं है
मैं जानता हूँ इस खौफनाक क्षण में
बचने का रास्ता
मैं भागते लोगों को भी बताना चाहता हूँ
छिपने का रास्ता

अब इसका क्या करूँ
कि वे लोग अकेले-अकेले बच जाना चाहते हैं।

लोग गायब हो रहे हैं

मैं इस बुरी खबर के साथ
आया हूँ नौजवान
कि लोग
गायब हो रहे हैं

यह खबर अखबार में नहीं छपी
और जासूस कुछ नहीं बता रहे हैं
रानी गुलाब जल में नहा रही है
और राजकुमार
अगली सदी तक के लिए सो गया है

लेकिन यह खबर सही है

मैंने अपनी आँखों से देखा है
राजधानी में
एक अदृश्य हाथ उन्हें छूता है
और वे अच्छे खासे
हट्टे-कट्टे लोग
छूमन्तर हो जाते हैं

यह कोई जादू का खेल नहीं
हकीकत है, नौजवान
और इसके पहले कि
गायब हो जाए वह
जिसे तुम समझते हो अनश्वर
तुम दौड़ो
दौड़ो इस खबर के साथ
कि मनुष्यों की दुर्लभ प्रजाति
गायब हो रही है

नौजवान, तुम दौड़ सकते हो
दौड़ो जैसे हवा जैसे
सूरज की किरणें दौड़ती हैं
और बोलो
जैसे बिजली बोलती है

कि लोग
गायब हो रहे हैं।

आग

कहीं बाहर नहीं होती वह
हर चीज में होती है आग

आत्मा की तरह अदृश्य और जाग्रत
बिरही की तरह बेचैन और आतुर

किसी भी चीज को उठा लो कहीं से
ले जाओ उसे आग के पास
स्पर्श होते ही
वह बन जाएगी आग।

सड़क पर एक लम्बा आदमी

आज अचानक दीख गया
सड़क पर एक लम्बा आदमी

लोग अपनी-अपनी दुकानों से
उचक-उचककर घूर रहे थे उसे
बच्चे नाच रहे थे तालियाँ बजाकर

हवलदार फुसफुसा रहा था
'हुज़ूर, हवालात के दरवाजे से भी
ऊँचा है यह आदमी'

मसखरे हिनहिना रहे थे
जहाँपनाह, आपकी कुर्सी से भी
बड़ा है यह आदमी
चौराहे का सिपाही आँखें फाड़े देख रहा था
बाप रे, सड़क पर इतना लम्बा आदमी!

सीधा तना चल रहा था वह
राजपथ पर दृढ़
विनम्र और बेपरवाह

शहर में आग की तरह फैल गयी थी
यह खबर
निकल पड़े थे अपने-अपने घरों से
बौने लोग
चौकन्ने हो गये थे अखबार
सेना कर दी गयी थी सतर्क
मन्त्रिपरिषद में चल रहा था विचार

एक बुढ़िया
अपने पोते-पोतियों को जुटाकर
दिखा रही थी
कि सतयुग में होते थे
ऐसे ही लम्बे आदमी।

आत्मा की वह धुन

यह उस शताब्दी की बात है
जब आकाश में नहीं उगा था ब्ल्यू स्टार

उन दिनों रमेश कुन्तल मेघ
अमृतसर में किया करते थे विकट सेमिनार
जिसमें लड़ते थे
हिन्दी और पंजाबी के पहलवान
मिली-जुली कुश्ती होती थी वह बाँकों की
हरभजन सिंह-नामवर सिंह की होती थी जयकार
मुझ जैसे गाँव के लोग भी
बुलाये जाते थे पंजा मिलाने के लिए दो-चार
सो एक दिन रास्ता पूछते-पूछते
मैं पहुँच गया स्वर्णमन्दिर के द्वार

उन दिनों स्वर्णमन्दिर का रास्ता पूछने पर
कोई अचरज से नहीं देखता था
न बन्द कर लेता था अपनी दुकानें

कैसा युग था वह
कि बच्चे भी बता देते थे

स्वर्णमन्दिर का रास्ता
और रास्ता भी ऐसा
जो फँसा नहीं था राइफलों की नली में
या काँपती गली में
बच्चों की सहमी आँखों में
या नुची-चुथी पाँखों में
चमचमाती सड़क थी वह
न जली हुई बसें
न राख न धुआँ

हाय राम, उठा लेते थे लोग सड़क पर पड़ी
कोई भी लावारिस चीज

रास्ते में मिले मुझे ठेले खींचते
पूर्वांचल के कुछ मजूर
जिन्होंने पूछे अपने बेटे-बेटियों के हाल
पंजाबी के एक कवि ने पिलाई
अमृतसर की मशहूर मलाईदार लस्सी
हाथ-भर के लम्बे गिलास में लबालब

जिस दुकान पर मैंने बड़े खरीदे
उसका मालिक था सफेद बालों वाला एक सिख
जिसने न जाने अपनी कितनी सफेद माँ के लिए
सुन्दरकाण्ड की पोथी भेजने को कहा गीताप्रेस से

यह स्वर्णमन्दिर के सिंहद्वार का वाकया है

मैंने जूते उतारे, पॉव धोए
सिर पर रखा सफेद रूमाल

और श्रद्धा से हाथ जोड़े
मौन खिंचा चला गया हरमिन्दर साहब
जहाँ चल रहा था गुरुवाणी का सबद कीर्तन

क्या संगीत था वह
और कैसी धुन!
वेदना की, जिजीविषा की
हारमोनियम के फेफड़ों से हाँफती
आत्मा की वह धुन!
अपनी ही गहराइयों में दबोचकर
खामोश कर देने वाली वह धुन!
मैं शताब्दियों तक खड़ा रहकर सुन सकता था वह धुन
पर जल्दी थी मुझे
गाड़ी पकड़नी थी उसी दिन

केदारनाथ सिंह भी थे उस दिन मेरे साथ
तब वे नये-नये गये थे जवाहलाल नेहरू विश्वविद्यालय
अ़भी रहते थे गाँव में ही बेरसराय
और कैंपस में नहीं मिला था उन्हें मकान
जब मिला उन्हें हलवे का गरमागरम प्रसाद
तो आधा रख दिया उन्होंने मेरी हथेली पर
यह कहते हुए कि मिष्टान्न पर
ब्राह्मण का होता है शाश्वत अधिकार

फिर मैंने परिक्रमा की हरमिन्दर साहब की
जहाँ फर्श पर पोंछे लगा रहे थे विनीत
बालक, वृद्ध, यौवनाएँ, धनाढ्य

नहाया नहीं मैं पवित्र सरोवर में
(कवि नागार्जुन की तरह
नहाता हूँ वर्ष में एक बार)
मगर बैठा उस बेर तले
जहाँ बैठे थे चार सौ वर्ष पहले गुरु अर्जुन सिंह
सूखकर हड्डी मात्र रह गया था वह पेड़
जिसे लोहे की खपच्चियों में खड़ा किया गया था

फिर देखा मन्दिर के सिंहद्वार के ऊपरी हॉल में
बड़ी-बड़ी पेंटिंग्स सिखों के बलिदान की
आरे से चीरा जा रहा था एक
तवे पर भुना जा रहा था दूसरा
दीवारा में चुना जा रहा था तीसरा
हाथी से कुचलवाया जा रहा था चौथा...
रोमांच हो आया मुझे
इस महान् जाति को माथा झुकाया
निकल पड़ा परिसर के बाहर
और अब मेरे पैरों तले परिचित रास्ता था
जिस रास्ते पश्चिम से आये सभी जातियों के लोग
यूनानी, शक, कुषाण, हूण, मुसलमान
सभी आये इस पाँच नदियों के देश
जहाँ बहुत-बहुत पहले फूली थी
एक सिन्धुघाटी सभ्यता

अब भी इच्छा होती है
स्वर्णमन्दिर जाने की
मगर डरता हूँ
(एक ही तो पाया है ब्राह्मण का गुण
कि प्राणों से डरता हूँ)

अब भी इच्छा होती है
सुनने की वह धुन
जो मेरे मन से नहीं निकलती
निकल जाता है, अमृतसर, जलन्धर
गुरुदासपुर, रोपड़, पटियाला, बटाला
निकल जाते हैं अटारी के छह फुटा जवान
मगर वह धुन नहीं निकलती मन से
पाशमुक्त करने वाली विपाशा की तरह
शत-शत धाराओं में बहने वाली शतद्रु की तरह
हीर और राँझा के गाँव की तरह
वह धुन नहीं निकलती
वेदना की जिजीविषा की
आत्मा की वह धुन।

अपने पुरखों के लिए

इसी मिट्टी में
मिली हैं उनकी अस्थियाँ

अँधेरी रातों में
जो करते रहते थे भोर का आवाहन
बेड़ियों में जकड़े हुए
जो गुनगुनाते रहते थे आजादी के तराने

माचिस की तीली थे वे
चले गये एक लौ जलाकर

थोड़ी-सी आग
जो चुराकर लाये थे वे जन्नत से
हिमालय की सारी बर्फ
और समुद्र का सारा पानी
नहीं बुझा पा रहा है उसे

लड़ते रहे लड़ते रहे लड़ते रहे
वे मछुआरे
जर्जर नौका की तरह

समय की धार में डूब गये
कैसे उन्होंने अपने पैरों को बना लिए हाथ
और एक दिन परचम की तरह लहरा दिए उसे
कैसे वे अकेले पड़ गये
अपने ही बनाये सिंहासनों, संगीनों और बूटों के आगे
और कैसे बह गये एक पतझर में गुमनाम
जंगल की खामोशी तोड़ने के लिए
उन्होंने ईजाद की थीं ध्वनियाँ
और आँधी-तूफान में भी जिन्दा रखने के लिए
धरती में बोये थे शब्द

अपनी खुरदुरी भाग्यरेखाओं वाले
काले हाथों से
उन्होंने मिट्टी में बसन्त
और बसन्त में फूल और फूल में भरे थे रंग
धधकाई थीं भट्ठियाँ
चट्टानों को बनाया था अन्नदा
किसी राजा का नहीं
इतिहास है यह
शरीर में धड़कते हुए खून का

मेरे बच्चो
युद्ध थे वे
हमें छोड़ गये एक युद्ध में।

अचानक नहीं गयी माँ

अचानक नहीं गयी माँ
जैसे चला जाता है टोंटी का पानी
या तानाशाह का सिंहासन
थोड़ा-थोड़ा रोज गयी वह
जैसे जाती है कलम से स्याही
जैस घिसता है शब्द से अर्थ

सुकवा और षटमचिया से नापे थे उसने
समय के सत्तर वर्ष
जीवन को कुतरती धीरे-धीरे
गिलहरी-सी चढ़ती-उतरती
काल वृक्ष पर

गीली सूखी लकड़ी-सी चूल्हे की
धुआँ देती सुलगती जलती

रात काटने के लिए
परियों के किस्से सुनाती
अँधेरे से लड़ने के लिए
संझा-पराती के गीत गाती

पृथ्वी और आकाश के पिंजरे में फड़फड़ाती
बीमार घड़ी-सी टिक्-टिक् चलती

अचानक नहीं गयी माँ
थोड़ा-थोड़ा रोज गयी
जैसे जाती है आँख की रोशनी
या अतीत की स्मृति।

नहीं दिखेगी माँ

नहीं दिखेगी माँ
फिर कभी इस रूप में
भोर होगा भिनुसार
चिरैया एक बोलेगी
तिलक चढ़ेगा यज्ञोपवीत
होगा कन्यादान
बस माँ नहीं होगी
पराती गाने के लिए

घिरेगी संझा
चौखट पर जलेगा दीया
आकाश में उगेंगे चन्दामामा
बस माँ नहीं होगी
उन्हें दूध-भात खिलाने के लिए

बरसेंगी रातें आँगन में झमाझम
धूप में धू-धू जलेगा गाँव
चलेंगी पुरवा और पछुआ हवाएँ
मृग की आँखों-सी चमकेगी बिजली
उत्तर के आकाश में

दरवाजे पर ताजिया लाएँगे गाँव के मुसलमान
फुलझड़ियाँ छोड़ेंगे बच्चे
आएगी दीवाली
बनेगी अल्पना तुलसी के चौरे पर
बस माँ नहीं होगी
जम का एक दीया
घर के बाहर निकालने के लिए

फूल खिलेंगे माँ के लगाये हुए कोले में
बच्चे स्कूल जाएँगे
पीठ पर बस्ते
और बस्ते में अमावट छिपाये हुए
डाकुओं का हल्ला होगा आधी रात
तनेंगी लाठियाँ
सियार रोएँगे खेतों में
आएँगे भरथरी गाने वाले रमता जोगी
गाएँगे रानी पिंगला के गीत
बस माँ नहीं होगी
उन्हें भिक्षा देने के लिए

तोता फड़फड़ाएगा पिंजड़े में
थाली में लड़ेंगी बिल्लियाँ

दिखेंगे नागपंचमी के साँप
दशहरे के नीलकण्ठ
क्वार के खंजन

बस माँ नहीं दिखेगी
फिर कभी इस रूप में।

यमदूत ढूँढ़ रहे हैं माँ को

माँ की चारपाई के पास
दिखती हैं काली छायाएँ

यमदूत ढूँढ़ रहे हैं माँ को

उसने चार पैरों के एक नन्हे-से जानवर को
खड़ा किया है रीढ़ पर
आजाद किए हैं उसके हाथ
निबिड़ अन्धकार में दिया है उसे
आखर अनन्त
वह मृत्युलोक के
सबसे बड़े षड्यन्त्र में हिस्सेदार हैं

यमदूत ढूँढ़ रहे हैं माँ को

उसने चुनौती दी है
ब्रह्मा को विष्णु को महेश को
रचा है एक प्रतिरूप
सृष्टि की सबसे बड़ी मुश्किल को

आसान बनाया है
आसान को बनाया है
सबसे बड़ी मुश्किल

यमदूत ढूँढ़ रहे हैं माँ को।

कैसे जाएगी माँ

यमराज के किस द्वार से जाएगी माँ
पूरब या पश्चिम
उत्तर या दक्षिण
किस द्वार से जाएगी?

पूरब द्वार से जाती हैं पुण्यात्माएँ
दक्षिण द्वार से जाती हैं पापात्माएँ
माँ किस द्वार से जाएगी?

कैसे पार करेगी वह
सैकड़ों योजन वैतरिणी?

चिनगारियाँ बरसती हैं
छाँह नहीं जल नहीं
उस वीरान भयावह रास्ते में
कैसे चलेगी माँ?

हे देवताओ
वह जीवन-भर बनाती रही
दीवारों पर तुम्हारे चित्र

भरती रही मंगल कलश
रोपती रही फूल-पौधे
सींचती रही तुलसी
खिलाती रही तोते-बिल्ली
छींटती रही गौरैयों को दाने

हे अनन्त पथ के पहरेदारो
फूल की तरह ले जाना उसे
धर्मराज की सभा में।

माँ नहीं थी वह

माँ नहीं थी वह
आँगन थी
द्वार थी
किवाड़ थी
चूल्हा थी
आग थी
नल की धार थी।

माँ और आग

यह उस समय की बात है
जब माचिस का आविष्कार नहीं हुआ था

माँ थोड़ी-सी आग जलाकर रख देती
सबेरे रोटी सेंकने के लिए

रात को जब सभी सो जाते
माँ आग को ऐसे ढककर छिपाती
एक कोने में
जैसे कोई रतन हो अमोल
जैसे कोई शिशु हो मुलायम
जैसे कोई दुल्हन हो लाल-लाल

मेघ गरजते थे रातों को
कड़कती थी बिजली
खेतों में फेकरते थे सियार
और गलियों में रोते थे कुत्ते

हम डर से चिपक जाते
माँ की गोद में

उस अँधेरे के जंग में
माँ के लिए कवच कुण्डल थी आग
राख से लिपटी
माँ के दिल की तरह धुकधुकाती
माँ के सपनों-सी दहकती
माँ की इच्छाओं-सी सुलगती
माँ हमें ढाढस देती—
'घर में आग है
तो कोई नहीं आ सकता भूत-प्रेत'
अँधेरे में वह धीरे से उठती
आग को और सावधानी से
छिपा देती राख में
जैसे अपने आँचल से ढककर हमें दूध पिला रही हो।

गाँव गया था मैं

गाँव गया था मैं
मेरे सामने कल्हारे हुए चने-सा आया गाँव

अफसर नहीं था मैं
न राजधानी का जबड़ा
मुझे स्वाद नहीं मिला
युवतियों के खुले उरोजों
और विवश होंठों में

अँधेरे में ढिबरी-सा टिमटिमा रहा था गाँव
उड़े हुए रंग-सा
पुँछे हुए सिन्दूर-सा
सूखे कुएँ-सा
जली हुई रोटी-सा
हँडिया में खदबदाते कोदो के दाने-सा गाँव

बतिया रहे थे कुछ समझदार लोग
अपने मवेशियों और पुआल
और आर्द्रा और हस्त नक्षत्र के बारे में
कउड़े के चारों ओर

गाँव गया था मैं
मेरे सामने आये
नहारी पर खटते बच्चे
खाँसते बूढ़े
पुलिस से भयभीत युवक
पति-पत्नी, बाप-बेटे
खेत-मेंड़, सास-पतोह
जाति-कुजाति, पर-पट्टीदारी
लेन-देन के झगड़े

भूल गया मैं विरहा चैती
होली दीवाली
मेला ताजिया
खेत की हरियाली

मुझे याद आया
सीमेंट और कंकरीट का
अपना पुख्ता शान्त शहर
मैं परेशान था
कविता लिखना आसान था
मेरे लिए गाँव पर

मैं भागा सुबह-सुबह ही
बिना किसी को बताये
पहली गाड़ी से
राजधानी की ओर।

वह लड़की

रच रही है वह लड़की
अल्पना आँगन में तन्मय
और पहचान रही है
एक आकृति
जो किसी दिन उसे ले जाएगी

जैसे-जैसे डोली हिलेगी
कहारों के कन्धों पर
वह भूलती जाएगी
अपना गोत्र
अपना आँगन अपनी अल्पना

फिर एक दीवार होगी अकेली
और अँधेरे की दुर्गन्ध
और सपनों का एक सूराख
जिससे कभी-कभी झाँकेगा
उसका बचपन
जाड़े की किरणों में

वह भोर में उठेगी

जब सुकवा उगता है आसमान में
बुहारेगी, लीपेगी, पोतेगी
फींचेगी, कूटेगी, पीसेगी
गोंइठे के धुएँ में
आँख और फेफड़े चलाती
चूल्हे फूँकती
अल्मुनियम के तसले में
मुट्ठी-भर चावल की तरह खदबदाएगी
कपड़े सुखाती
सूखती
खुद को खिचड़ी की तरह परोसेगी
रात में जब होगा
प्रेम का चरम क्षण
वह निकर के लिए बच्चों के
बिटिया की साड़ी के लिए लड़ेगी
गालियाँ सुनती
पिटती
हो जाएगी निढाल

सभी सो जाएँगे घर में
वह बर्तन माँजेगी चमाचम
चमकेंगी कटोरियाँ
चमत्कार की तरह सबेरे

सूरज निकलेगा
ढलेगा
रात होगी

एक अँधेरी सुरंग में

अधूरी इच्छा-सी गुजरती हुई
सोचती हुई
अचानक आ धमकने वाली मृत्यु के बारे में
वह बची रहेगी
स्वप्न की तरह।

रूपकुँवरि

सुनें श्रेष्ठि जन
राजा रानी नगरवासी
गुरु वशिष्ठ सुनें

चुनौती नहीं है यह
आँचल पसारती हूँ तुम्हारे आगे
रूपकुँवरि

इस वक्त मैं जहाँ हूँ
खत्म हो गयी है धरती
और पीछे छूट गया है ईश्वर

कितना कुछ छोड़ना पड़ता है
करनी पड़ती है कितनी लम्बी यात्रा
स्त्री होने के लिए
और मरने के पहले

ओ देवराला के लोगो
लाठियाँ न भाँजो

स्त्री हूँ
अकेली हूँ
कुदरत की कमजोरी हूँ

छोड़ गया है मेरा सहगामी
इस बन्द घाटी में
नहीं दीखती कोई राह
पंडितजी, मुखियाजी
ससुरजी, पिताजी
पगड़ी रखूँगी ऊँची
नाक रखूँगी तुम्हारी

राज करो देवरजी
जुग-जुग जीओ ननद
अचल हो तुम्हारा अहिवात, जेठानीजी
हल्दी लगा दो मेरी देह पर, माँ
इत्र से भिगो दो मेरी चोटी
चूड़ियाँ पिन्हा दो
भर दो सिन्दूर पूरी माँग

मेरा सिन्होरा कहाँ है, सासजी
कहाँ है तागपाट

गुड़हल के फूल-सी
धधक रही है चिता
मेरी चुनरी न उड़ाओ, पवन देव
अग्नि अस्नान करना है मुझे
दारोगाजी, न्यायमूर्तिजी
सबके सामने

ओ रेतीले टीलो
झुक जाओ
मैं दूर तक देख सकूँ
अपना मायका, अपनी ससुराल
अपने ऋषियों का देश

हे धरती माँ
तुम्हारी उन्नत चोटियाँ
सह नहीं पाएँगी मेरे स्तनों का भार
तुम्हारी निर्मल गंगा में
समा नहीं पाएँगे मेरे आँसू
जल जाएँगी तुम्हारी वनस्पतियाँ
मेरी आँच में

अग्नि देव, कहना दिशाओं से
वनस्पतियों से, पशु-पक्षियों से
हवा से, आकाश से, बादलों से
जो भी मिले कहना सबसे
कि सबके सत के लिए
सबके असत के साथ
जा रही हूँ मैं बैकुण्ठ

हे सूर्य देव
धीरे तपना धरती माँ के ऊपर
हे वरुण देव, झरते रहना
ताकि नरम रहे माँ का कलेजा
मुरझाएँ नहीं धान के खेत
और गाते रहें चिरई चुरूँग।

आत्मा

उलट-पुलट गया सारे कोश ग्रन्थ
वह नहीं मिला
बहुत की डॉक्टरों ने चीर-फाड़
नहीं मिला
रक्त के भीतर खिला वह स्वर्ण कमल
नहीं मिला

छिपा है कहीं न कहीं वह जरूर
जैसे चट्टानों के नीचे छिपी होती है नदी
जैसे खँडहरों के नीचे दबा होता है खजाना
मगर कहाँ है वह

कौन है वह जो छिपाता है
तोड़ता है मोड़ता है सुलाता है उसे
बनाता है दयनीय और निर्मम

भूखे-प्यासे तड़पते
एक-दूसरे को नोचते-चोथते
दौड़े हम राक्षसों के पास
गिड़गिड़ाते रहे सन्तरियों जलपरियों के आगे

कि लौटा दो हमारा आत्मा
वह नहीं मिला

अनिर्वचनीय है वह कहा धर्मग्रन्थों ने
अदृश्य है, अवध्य है, अजेय है
शाश्वत है, सदा जाग्रत
वह नहीं मिला

कितनी आग है उसमें
और कितना पानी
बता नहीं पाये गोताखोर और अग्निशामक

चीन की दीवार
मौन
साइबेरिया के सारस
मौन
लिबर्टी की प्रतिमा
मौन

निराश-उदास थके-हारे
हम सहलाने लगे अपने-अपने शरीर।

होगा
कहीं न कहीं यह होगा
जरूर

हम कैसे यकीन कर सकते थे
ऐसे किसी शरीर पर
जिसमें आत्मा न हो
और ऐसे किसी आत्मा पर
जिसका न हो शरीर।

रीढ़

कौन-सा अंग है
आदमी के शरीर में सबसे कीमती

प्रेममार्गियों ने कहा दिल
ज्ञानमार्गियों ने कहा दिमाग
कर्ममार्गियों ने कहा हाथ

पर रीढ़ न हो सीधी
तो कैसे बनेगा आदमी
कैसे खड़ा होगा वह
गुरुत्वाकर्षण के विरुद्ध

खड़े होते हैं बन्दर और भालू भी
अपनी रीढ़ पर कभी-कभी
पर गीदड़ और गधे कभी नहीं

रीढ़ झुकी है तो हाथ बँधे हैं
हाथ बँधे हैं तो बँधी हैं आँखें
आँखें बँधी हैं तो बँधा है मस्तिष्क
मस्तिष्क बँधा है तो बँधी है आत्मा।

ऊँघता सन्तरी

उसे मत जगाओ
वह सपने देख रहा है

बच्चे लौट रहे हैं उसके सपने में
पक्षी चहचहा रहे हैं उसके सपने में
बदल रहे हैं इन्द्रधनुष के रंग उसके सपने में
झर रहे हैं गुलमुहर के फूल उसके सपने में

उसे मत जगाओ
उसकी नींद पर पाबन्दी है

अभी एक झपकी में वह लूट लेगा ब्रह्माण्ड
अभी एक हलका-सा पदचाप
चकनाचूर कर देगा उसका शीशमहल

देवदूत की तरह सो रहा है वह
उसे मत जगाओ

अभी वह उछलकर खड़ा हो जाएगा
सीधे तने वृक्ष की तरह
सजग और तैयार
किसी पर भी गोली चला देने के लिए।

मिट्टी की काया

इसी में बहती है
मन्दाकिनी अलकनन्दा

इसी में चमकते हैं
कैलाश नीलकण्ठ

इसी में खिलते हैं
ब्रह्मकमल

इसी में फड़फड़ाते हैं
मानसर के हंस

मिट्टी की काया है यह

इसी में छिपती है
ब्रह्माण्ड की वेदना।

आखिर

भूल जाती हैं कितनी दंत कथाएँ
सूख जाती हैं कितनी सदानीराएँ

उड़ जाता है कैसा भी रंग
छूट जाते हैं कैसे भी हिमवंत

खत्म हो जाती है कलम की स्याही
टूट जाती है तानाशाह की तलवार

सह्य हो जाती है कैसी भी पीड़ा
कट जाता है कितना भी एकान्त।

कलम

उठाओ इसे

इसमें छिपा है
देवताओं अप्सराओं का गान
अबोध शिशुओं की मुस्कान

यह भर सकती है फूलों में रंग
पानी में आग
और आग में थोड़ी-सी रोशनी

फेंको इसे तौलकर
शिलाखण्ड से फूट पड़ेंगे निर्झर
बह जाएँगे ब्रह्मास्त्र
यह दे सकती है
अनाम को नाम
अरूप को रूप
सन्नाटे को शब्द
मिटा सकती है
जंगल और समुद्र की लिपि

बना सकती है
धरती का व्याकरण

अगर तुम्हारी गफलत से
यह पड़ी रह गयी अँधेरे में
तो धरती पर छा जाएगा अन्धकार
दहाड़ने लगेंगे हिंस्र पशु
उठाओ इसे
सिसक रही है यह अँधेरे में असहाय

इसे चाहिए एक हाथ
जिसने वेद लिखा
और लोहा गलाया

इसे चाहिए एक हाथ
जो कभी मत लिखे उपसंहार
उपसंहार के लिए छोड़ जाए
इसे।

शरारती बच्चा

जाड़े की सुबह
तलमलाते पैरों
जा रहा है बच्चा

पीठ पर बस्ता लिए
जैसे लादे हुए पृथ्वी
जा रहा है बच्चा

प्रातः भ्रमण पर निकले
मरियल राजपुरुषों
और तोंदियल महिलाओं को
मुँह बिराता
मन्दिर पर मस्जिद पर
ढेले चलाता
जा रहा है बच्चा

स्कूल से लौटेगा यह
जाएगा खेल के मैदान
लंगड़ी मारेगा साथियों को
चिकोटी काटेगा

बजाएगा सीटी
चिढ़ाएगा गुरुजनों वृद्धजनों को

यह खिलंदड़ बच्चा
खेल-खेल में बना लेता है
राजा, रानी, मन्त्री, सिपाही
छोड़ दो पिता
इस शरारती बच्चे को
मत मारो

अगले राजपर्व पर
जब निकलेगा राजा निर्वस्त्र
और उसके अदृश्य अलौकिक वस्त्रों की
करेंगे जयकार
प्रज्ञाचक्षु कलाकार
तो यही बच्चा टोकेगा चिल्लाकर
'अरे, यह राजा तो नंगा है'।

कोशिश

पृथ्वी उसकी नहीं थी
जिस पर गिरा वह एक दिन
अपनी एक जोड़ी वेदना लिए

पृथ्वी बँधी थी सूरज और ग्रह-नक्षत्रों से

वह अपने डैनों और चोंच से

दोनों घूम रहे थे
अपनी-अपनी धुरी पर

पृथ्वी को कहीं जाना नहीं था
अपनी अविराम यात्रा में

उसके कुछ स्वप्न और स्वाद थे

उड़ नहीं सकती थी पृथ्वी भारी थी

वह अपने डैने फड़फड़ा सकता था

उसने पत्थरों पर चोंच मारी
हवा से जल से धूप से की दोस्ती

वृक्षों पर बनाये घोंसले
शिकारियों से डरते और चुनौती देते हुए
दाने चुगाये अपने बच्चों को
और छिटका दिए धरती पर
इधर-उधर कुछ बीज
पृथ्वी नहीं थी उसके पंजों में
जिसे वह घूमने से रोक देता
मगर उसने कोशिश बहुत की
अपनी लाल भूरी स्याह चोंच से।

पुस्तकें

नहीं, इस कमरे में नहीं
उधर
उस सीढ़ी के नीचे
उस गैरेज के कोने में ले जाओ
पुस्तकें
वहाँ, जहाँ नहीं अँट सकती फ्रिज
जहाँ नहीं लग सकता आदमकद शीशा

बस्ते में बाँधकर
चट्टी से ढककर
कुछ तख्ते के नीचे
कुछ टूटे गमले के ऊपर
रख दो पुस्तकें

ले जाओ इन्हें तक्षशिला-विक्रमशिला
या चाहे जहाँ
हमें उत्तराधिकार में नहीं चाहिए पुस्तकें
कोई झपटेगा पासबुक पर
कोई ढूँढ़ेगा लॉकर की चाभी
किसी की आँखों में चमकेंगे खेत

किसी में गड़े हुए सिक्के
हाय-हाय, समय
बूढ़ी दादी-सी उदास हो जाएँगी
पुस्तकें
पुस्तको!
जहाँ भी रख दें वे
पड़ी रहना इन्तजार में

आएगा कोई न कोई
दिग्भ्रमित बालक जरूर
किसी शताब्दी में
अँधेरे में टटोलता अपनी राह

स्पर्श से पहचान लेना उसे
आहिस्ते-आहिस्ते खोलना अपना हृदय
जिसमें सोया है अनन्त समय
और थका हुआ सत्य
दबा हुआ गुस्सा
और गूँगा प्यार
दुश्मनों के जासूस
पकड़ नहीं सके जिसे।

मनुष्यता का दुःख

पहली बार नहीं देखा था इसे बुद्ध ने
इसकी कथा अनन्त है

कोई नहीं कह सका इसे पूरी तरह
कोई नहीं लिख सका सम्पूर्ण

किसी भी धर्म में, किसी भी पोथी में
अँट नहीं सका यह पूरी तरह

हर रूप में कितने-कितने रूप
कितना-कितना बाहर
और कितना-कितना भीतर

क्या तुम देखने चले हो दुःख?

नहीं जाना है किसी भविष्यवक्ता के पास
न अस्पताल, न शहर, न गाँव, न जंगल

जहाँ तुम खड़े हो
देख सकते हो वहीं

पानी की तरह राह बनाता नीचे
और नीचे
आग की तरह लपलपाता
समुद्र-सा फुफकारता दुःख

कोई पन्थ कोई संघ
कोई हथियार नहीं
कोई राजा कोई संसद
कोई इश्तिहार नहीं

तुम
हाँ-हाँ, तुम
सिर्फ हथेली से उदह दो
तो चुल्लू-भर कम हो सकता है
मनुष्यता का दुःख।

मंजिल

सूरज डूब रहा है
और अँधेरा घिरने वाला है

मेरे आगे जो रास्ता है
काँटे बिखरे हैं उस पर
क्या करूँ मैं?

बचाकर निकल जाऊँ इन्हें, बगल से
या चला जाऊँ छलाँग लगा, इनके पार
क्या करूँ मैं?

शायद आखिरी यात्री हूँ
आज की साँझ
सम्भव है कोई आ रहा हो
मेरे भी बाद
उसे दिखेंगे नहीं अँधेरे में, ये काँटे
क्या करूँ मैं?

रुक जाऊँ काँटों के पहले
सचेत करने के लिए आने वालों को

या चुनकर हटा दूँ राह से इन्हें
क्या करूँ मैं?

मेरी मंजिल दूर है, प्रभु
मगर
क्या यह मेरी मंजिल नहीं?

प्रतिबद्धता?

गहराई बहुत थी
झाँक नहीं सकता था भीतर

भागा मैं बाहर
हाँफता हिनहिनाता गाज फेंकता

जाना नहीं था
फिर भी गया

रुकना नहीं था
फिर भी रुका

बोलना नहीं था
फिर भी बोला

झुकना नहीं था
फिर भी झुका

रास्ते थे खतरनाक
डरावनी आवाजें थीं

निर्मल नहीं था सरोवर
अमराई थी पिंजरे की तरह

सच की ओर देखने की कोशिश जरूर की
मगर झुलस गयीं बरौनियाँ
मुश्किल था बचना
फिर भी निकल आया
प्रशिक्षित कुत्ते की तरह
आवाजें अनकता
दिशाओं को सूँघता

ऊँचे-ऊँचे विचार उठते थे भीतर
मगर मेरे पाठक!
सोचता हूँ
यदि सचमुच प्रतिबद्ध होता
तो कैसे पूरे कर पाता
जीवन के साठ बरस?

राजधानी

इतना आतंक था मन पर
कि चौथाई तो मर चुका था
उतरने के पहले ही
राजधानी के प्लेटफार्म पर

मेरा महानगर प्रवेश
नववधू के गृह-प्रवेश की तरह था

मगर साथियों के साथ
दौड़ते, लड़खड़ाते और धक्के खाते
सीख ही लिए मैंने भी सारे काट
लंगड़ी और धोबिया पाट

एक से एक किस्से थे वहाँ
परियों और विजेताओं
आलिमों और शाइरों के

प्याले टकराते हुए
मैं भी बोलता था

सिकन्दर और ग़ालिब के अन्दाज में

हालाँकि प्याला ही भरता
और दस्तरख्वान ही बिछाता रहा
शाही महफिलों में
दिन बीतते रहे
मेरी याददाश्त धुँधली होती रही
भूलता रहा
साकिन मौजा तप्पा परगना

फिर सूखने लगा पानी
जो था आँखों में और मन में
और झरने लगे भाव
एक-एक कर पीले पत्तों की तरह

शोर था इतना
कि करुणा भी पहिये-सी घरघराती
और शान्ति गुरगुराती इंजन-सी

इतनी भागमभाग
कि हास दिखता था
दूर से ही उदास निराश हताश

वीरता के लिए क्या जगह हो सकती थी
उस चक्रव्यूह में?
यदि प्रेम करता लड़कियों से
तो धोखा देता किन्हें?

इतनी रगड़ी गयी चमड़ी
भीड़ में और बेरहम मौसम में
कि कोई अन्तर नहीं रह गया
मेरे लिए आग और पानी में

इस तरह एक दिन
लौटा जब राजधानी से
तो मृतकाया में उतारा गया मैं
अपने गाँव के छोटे-से टीसन पर।

अनन्त जन्मों की कथा

मुझे याद है
अपने अनन्त जन्मों की कथा

पिता ने उपेक्षा की
सती हुई मैं
चक्र से कटे मेरे अंग-प्रत्यंग

जन्मदात्री माँ ने अरण्य में छोड़ दिया असहाय
पक्षियों ने पाला
शकुन्तला कहलाई
जिसने प्रेम किया
उसी ने इनकार किया पहचानने से

सीता नाम पड़ा
धरती से निकली
समा गयी अग्नि-परीक्षा की धरती में
जन्मते ही फेंक दी गयी आम्र-कुंज में
आम्रपाली कहलाई
सुन्दरी थी
इसलिए पूरे नगर का हुआ मुझ पर अधिकार

जली मैं वीरांगना
बिकी मैं वारांगना
देवदासी द्रौपदी
कुलवधू नगरवधू
कितने-कितने मिले मुझे नाम-रूप

पृथ्वी, पवन
जल, अग्नि, गगन
मरु, पर्वत, वन
सब में व्याप्त है मेरी व्यथा।

मुझे याद है
अपने अनन्त जन्मों की कथा।

गुनाहों के सबूत

शब्दों में छिपा होता है जैसे अर्थ
मुझमें छिपा था मेरा मैं

भीतर थोड़ी आग थी
मगर सुलगाया नहीं

विचारों से रब्त-जब्त की
मगर फँसा नहीं उनके दलदल में

बेचैन आदमी था मैं
सोचता रहा
और जागता रहा सारी-सारी रात

बेमुरव्वत हुआ मगर मुरव्वत के साथ
प्रेमिकाओं के साथ रहा
मगर जाहिर नहीं होने दिया अपना प्रेम

कुँवारियों-सी सपने देखा
बच्चों-सी जोड़ी कौड़ियाँ
पागलों-सा बटोरता रहा
एक चिथड़ा सुख

बूढ़ों ने कहा नास्तिक
बच्चों ने कहा रूढ़िवादी
साथियों ने कहा व्यक्तिवादी
किसी की नहीं की परवाह
गलतियाँ कीं
मगर नहीं दी
किसी को गलत सलाह

माँ के पालित सुग्गे को
उड़ा दिया पिंजरे से
मच्छरों को मुट्ठी में सँभालकर
बाहर निकाला मच्छरदानी से

पूछता हूँ अपनी परछाईं से
कहाँ ले चलूँ तुम्हें?

सड़क पटी है अफवाहों से
पत्तियाँ बिखरी हैं बेशुमार

ऊँघते तारों से माँगता हूँ
थोड़ी-सी नींद तुम्हारे लिए

मेरे गाँव के लोगो
मैंने पेश कर दिए
अपने गुनाहों के सबूत

और क्या दूँ तुम्हें
निकाल लो मस्तक से मेरी मणि
तुम्हारे आँसुओं को
आग की तरह ले जाना चाहता हूँ
धर्मराज के पास।

देह

स्मृति है यह संवत्सरों की
इसी में गूँजती है
जन्म-जन्मान्तरों की कथा

कितने लोक
कितने आकाश
कितने महाभूत
कितने ज्वालामुखी हैं
इस अनन्त में

इसकी अँधेरी खाइयों को
भेद नहीं पाये
खरबों प्रकाश वर्ष

नश्वर है यह
मगर यही तो मुक्त करती है
नश्वरता के बोध से

देवकानन है यह
पारिजात गन्ध से महमह

अप्सराएँ उतरती हैं
इसी देहवन में
उतरते हैं देवता
और जन्म लेते हैं महारथी
इसके रंगों में चमकती हैं
सूरज की वल्गाएँ
इसकी छाती में धड़कती हैं
सदानीराएँ
इसकी पलकों में झरते हैं
नेह के निर्झर
इसकी पुतलियों में बहती है
करुणा की गंगा

इसकी हथेलियों में ढूँढ़ते हैं
जो भाग्यरेखाएँ
अभागे हैं वे

यह स्वयं एक ज्योतिलता है
अदृष्ट के समानान्तर
इसकी उँगलियों में झनकते हैं
वीणा के तार
इसकी मुट्ठियों में बन्द हैं
सूर्य, चन्द्र, बृहस्पति
इसी में लहराते हैं चौदह रत्न

देह है यह
इसी में फूटता है
देही का अर्थ

इसके होंठों से दमकता है बाल रवि
इसकी ध्वनि से झंकृत है प्रकृतिराग
इसकी स्मृति से खिलते हैं सहस्रदल
शतद्रु है यह महाज्वाला के लिए

जो इसमें नहीं है
नहीं है ब्रह्माण्ड में।

उसके दुःख

दिख नहीं रहे थे उसके दुःख

पर्दे पर जब वह तेल का प्रचार करती
उसके बाल बिना तूफान के लहराते थे

मसालों के प्रचार में
महक उठती वह स्वयं
कैमरा उसकी आँखों को
कभी झील में बदल देता
कभी अधरों को कोंपलों में

और हद तब हो जाती
जब पैंटी का प्रचार करते
वह पैंटी से बाहर निकल
दर्शकों से चिपक जाती

कुछ भी तो नहीं था उसकी काया पर
जिसमें छिपा सके वह अपना दुःख
मैंने बुद्ध का महावाक्य पढ़ा था
कि संसार दुःखमय है

मैं देखना चाहता था उसके दुःख

महीनों-महीनों
उस परी को
निहारते-निहारते
एकाएक मुझे लगा
क्या अपने दुःख को
मेरे सुख में तबदील कर देना ही
नहीं है उसका दुःख?

सत्य

सहसा विश्वास नहीं हुआ
जब उस दिन अचानक
सामने खड़ा हो गया सत्य

कटा-फटा
क्षत-विक्षत
रंग-बदरंग

हाय राम, जिसे मैं समझता था बहुत महान्
बहुत दुर्लभ, बहुत सुन्दर
वह तो बहुत-बहुत साधारण था

धूल सने पाँव
जंग लगे लोहे-सी देह
नुनछाई दीवार की तरह कपड़े

ढँका नहीं हूँ मैं हिरण्यमय पात्र में
कहा उसने
तीनों में, पूज्य ग्रन्थों में बँधा नहीं हूँ

जहाँ देखोगे वहीं दिखूँगा
जहाँ से देखोगे वैसा ही दिखूँगा
अभिशप्त हूँ मैं युगों-युगों से
जिसके पास जाता हूँ
वही कर देता है खण्डित
चाहे मर्यादा पुरुषोत्तम हों या धर्मराज
या हों परात्पर वासुदेव
छिपाया जाता है मुझे कोने-अंतरे
दुत्कारा जाता है दरवाजे-दरवाजे
किया जाता है लहूलुहान
सरेआम

धर्म पाप कहते हैं मुझे
समाज कहता है अश्लील
न्यायमूर्ति अपराध कहते हैं
राजा कहता है देशद्रोह

भारी कदमों से चला जा रहा था वह
खानाबदोशों के डेरे की ओर
जहाँ कुछ काले नंगे पुरुष कुर्सियाँ बुन रहे थे
कुछ स्त्रियाँ आपस में लड़ रही थीं
हाथ चमका-चमका
एक-दूसरे को भद्दी गालियाँ बकतीं
और कुछ बच्चे
मैले कपड़ों के झूलों में लटके थे
आम की डालियों से
चमगादड़ों की तरह।

आखिरी अनुकम्पा

बीच में बैठी थी वह अकेली

चारों ओर घेरकर खड़े थे
गाँव-भर के लोग
मुखिया और सरपंच
हाथों में नुकीले पत्थर लिये
इसी तरह खत्म करनी थी
उसकी जीवन-लीला
यही सजा सुनाई थी काजी ने

सबके पैरों पड़ी वह
गिड़गिड़ाई
आँचल पसारा
जो नहीं था भीड़ के पास
नहीं मिला उसे
और अन्त में
उसने धरती माँ को पुकारा

लोगों ने आश्चर्य से देखा
धरती दरककर चौड़ी हो गयी

समा गयी वह उसमें

लेकिन मेरे पाठक
जानते हो, अलविदा के पहले
क्या थे उसके आखिरी लफ्ज?

हे मेरे समय की देवियो
सुहागिनो-अभागिनो
कुँवारियो-वेश्याओ
फिर कभी मत पुकारना माँ को

आखिरी अनुकम्पा है यह धरती माँ की
नारी जाति पर।

एक दुर्लभ दृश्य

एक दुर्लभ दृश्य था वह

दो शिशु खींच रहे थे थनों से जीवन-रस
एक बकरी पिला रही थी अपने बच्चों को दूध

चौड़ी सड़क थी वह राजपथ जैसी
लम्बी और अछोर
और उसके बीचोबीच
सम्भव हो रही थी यह घटना
अविश्वसनीय और अविस्मरणीय
दोपहरी का वक्त
जन संकुल पथ
भाग रही गाड़ियाँ
कुत्ते, गदहे, घोड़े, ऊँट
सभी चल रहे थे बचाकर
दाएँ और बाएँ
इस शाश्वत लीला में
न डालते हुए कोई विघ्न

ठहर गया था देश और काल

परम निश्चिन्त अपूर्व आनन्द क्षण

कहाँ खो गयी थी मानुष की क्रूरता
कहाँ से उफन आया था वैष्णव चित्त प्रवाह
न कोई द्वेष न ईर्ष्या न हस्तक्षेप
प्रकृति की समरसता पर चकित
देवता देख रहे थे यह दृश्य
और विमानों से बरसा रहे थे पुष्प।

स्त्री को समझने के लिए

कैसे उतरता है स्तनों में दूध
कैसे झनकते हैं ममता के तार

कैसे मरती हैं कामनाएँ
कैसे झरती हैं दन्तकथाएँ

कैसे टूटता है गुड़ियों का घर
कैसे बसता है चूड़ियों का नगर

कैसे चमकते हैं परियों के सपने
कैसे फड़कते हैं हिंस्र पशुओं के नथुने

कितना गाढ़ा लांछन का रंग
कितनी लम्बी चूल्हे की सुरंग

कितना गहरा सृजन का अन्धकार
कितनी रहस्यमय मौन की पुकार

स्त्री, तुम्हें समझने के लिए
जन्म लेना पड़ेगा स्त्री-रूप में।

स्त्री की तीर्थयात्रा

सबेरे-सबेरे
उसने साफ किए
घर भर के जूठे बर्तन
झाड़ू-पोंछे के बाद
बेटियों को सँवारकर
स्कूल रवाना किया
सबके लिए बनाई चाय

जब छोटा बच्चा जोर-जोर रोने लगा
वह बीच में उठी पूजा छोड़कर
उसका सू-सू साफ किया

दोपहर भोजन के आखिरी दौर में
आ गये एक मेहमान
दाल में पानी मिलाकर
किया उसने अतिथि सत्कार
और बैठ गयी चटनी के साथ
बची हुई रोटी लेकर
क्षण भर चाहती थी वह आराम
कि आ गयीं बेटियाँ स्कूल से मुरझाई हुईं

उनके टंट घंट में जुटी
फिर जुती संझा की रसोई में
रात में सबके बाद खाने बैठी
अबकी रोटी के साथ थी सब्जी भी
जिसे पति ने अपनी रुचि से खरीदा था

बिस्तर पर गिरने के पहिले
वह अकेले में थोड़ी देर रोई
अपने स्वर्गीय बाबा की याद में

फिर पति की बाँहों में
सोचते-सोचते बेटियों के ब्याह के बारे में
गायब हो गयी सपनों की दुनिया में
और नींद में ही पूरी कर ली उसने
सभी तीर्थों की यात्रा।

पूँजी

चुटकी भर मिट्टी
चोंच भर पानी
चिलम भर आग
दम भर हवा

पूँजी है यह
खाने
और लेकर
परदेश जाने के लिए।

जीवन का अर्थ

अर्थ नहीं था वह
यदि होता
तो आज न लगता
व्यर्थ

फिर क्या था वह
मिथ्या या कि भ्रम
अहंकार या कि आत्मछल
क्या था वह?

मेरे आत्मन्
तलाशता रहा जिसे
जो नहीं मिला जीवन भर
क्या था वह?

क्या व्यर्थ में ही नहीं था
जीवन का अर्थ?

अम्बपाली

मंजरियों से भूषित
यह सघन सुरोपित आम्र कानन
सत्य नहीं है, अम्बपाली!
—यही कहा तथागत ने

झर जाएँगी तोते के पंख जैसी पत्तियाँ
ठूँठ हो जाएँगी भुजाएँ
कोई सम्मोहन नहीं रह जाएगा
पक्षियों के लिए
इस आम्रकुंज में
—यही कहा तथागत ने

दर्पण से पूछती है अम्बपाली
अपने भास्वर, सुरुचिर मणि जैसे नेत्रों से पूछती है
पूछती है भ्रमरवर्णी, स्निग्ध, कुंचित केशों से
तूलिका अंकित भौंहों से पूछती है
पुष्पवासित रत्नभूषित त्वचा से
होंठों की काँपती कामनाओं से

देह के स्फुलिंगों से पूछती है
अम्बपाली

क्या अन्यथा नहीं हो सकते
सत्यवादी बुद्ध के वचन?

फिर भी कुछ रह जाएगा

फिर भी कुछ रह जाएगा

दहक रही है चिता
और जल रहा है श्मशान

लेकिन मैं तुमसे कहता हूँ
फिर भी कुछ रह जाएगा

क्या रह जाएगा
यह मैं नहीं जानता
कितना रह जाएगा
इसका अन्दाज तुम खुद लगाना
क्यों रह जाएगा
यह एक निरर्थक प्रश्न है

मैं तो बस इतना जानता हूँ
कि कुछ रह जाएगा
क्या तुम्हें यकीन है
मर जाएँगी जिजीविषाएँ
झर जाएँगी आस्थाएँ

सूख जाएँगे सपने
व्यर्थ हो जाएँगे शब्द

क्या तुम्हें यकीन है
आग सब कुछ जला सकती है
सब कुछ सुखा सकती है हवा
पानी सब कुछ गला सकता है

सब कुछ मिटा सकता है ब्रह्मास्त्र

नहीं, जरूर कुछ रह जाएगा

कहाँ और कैसा और कितना

इसे तो वही बताएगा
जो रह जाएगा।